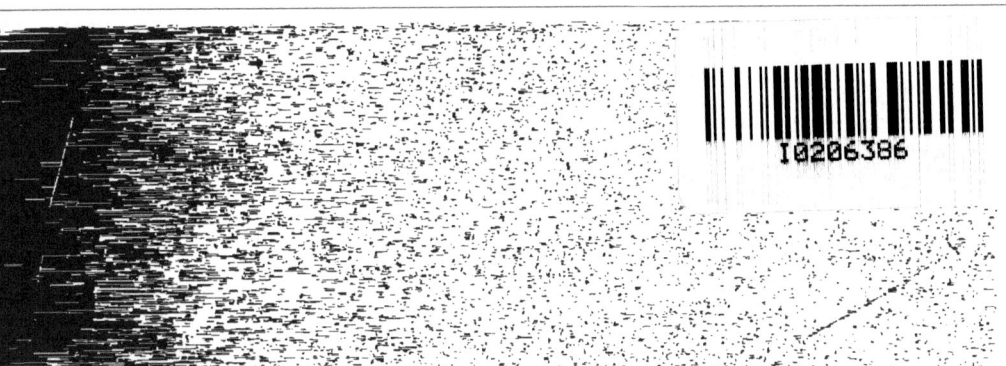
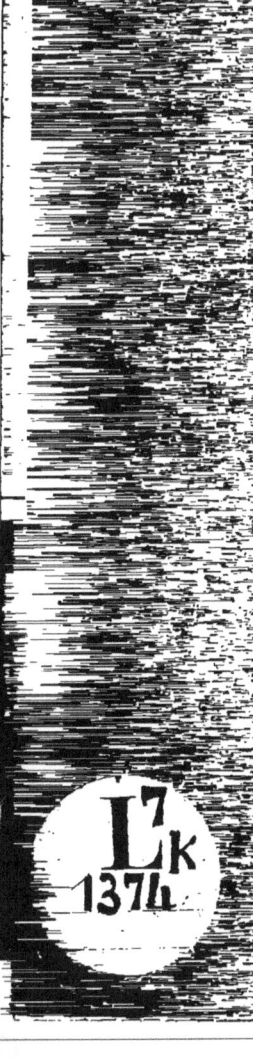

Lk 1374.

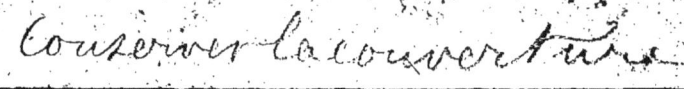

MÉMOIRE

SUR

L'ÉGLISE ROYALE

DE

SAINT-IVED DE BRAISNE.

A SOISSONS,

DE L'IMPRIMERIE DE D. BARBIER, RUE DES RATS.

1825.

Église Royale
De Saint-Ived de Braisne.

DIOCÈSE DE SOISSONS. — DÉPARTEMENT DE L'AISNE.

Motifs religieux et monarchiques de sa réparation.

RÉCLAMER au nom de la Religion et de la Monarchie un monument qui les honore ; monument fondé par ROBERT Ier de France, fils de Louis le Gros, VIe du nom, et par AGNÈS de Baudiment, dite de Champagne, son épouse, aidés de la munificence royale de leur auguste père ; monument vraiment royal, que les gens de l'art regardent comme un des plus beaux chefs-d'œuvre du XIIIe siècle, et que ses illustres fondateurs choisirent pour le lieu de leur sépulture et celle de leurs descendans : tel est le but religieux et monarchique, que s'est constamment proposé M. *Beaucamp*, Curé-Doyen de Braisne, dans les démarches qu'il a faites, et dans la très-humble adresse qu'il a eu l'honneur de présenter à SA MAJESTÉ, la suppliant très-respectueusement d'ordonner que l'Église de Saint-Ived de Braisne fût réparée et rendue à sa destination primitive.

En effet, peut-on être Chrétien et Français, et ne pas avoir l'âme navrée de douleur, en voyant un si bel édifice si près d'une ruine entière, lorsqu'il est encore possible de le réparer ? Le bien de la Religion, le respect dû à la

Majesté Royale, en font un devoir impérieux, et ce serait se rendre coupable envers l'une et l'autre, que de ne pas le remplir.

Que pendant les temps malheureux, où tout ce qui était religieux et monarchique a été détruit et anéanti en France, on ait vendu à Braisne l'Eglise paroissiale, dont il ne reste pas pierre sur pierre; qu'on ait enlevé de l'Eglise Royale de Saint-Ived les épitaphes des Tombes Royales, que nous nous glorifions, avec les sentimens d'un juste et noble orgueil, de posséder; que cette Eglise ait été destinée aux plus vils usages, en haine du trône et de l'autel : tout cela était digne de l'apostasie révolutionnaire. Mais que, lors du rétablissement du culte divin, on ait, par une coupable dérision, concentré son exercice dans une petite chapelle d'anciennes religieuses, si étroite et si resserrée, qu'elle ne puisse contenir le sixième des habitans de la ville, bien loin de pouvoir admettre les fidèles des paroisses voisines, qui, n'ayant point de pasteurs, viennent à Braisne, les dimanches et fêtes, pour y remplir leurs devoirs religieux : voilà ce que ni nos pères, ni nous, n'aurions pu prévoir, et ce qu'on refuserait de croire, si on ne le voyait de ses propres yeux. En effet, souvent, et surtout dans les grandes solennités, non-seulement ce qu'on appelle la nef, la partie qui sert de chœur, mais encore le sanctuaire et les degrés de l'autel, sont tellement encombrés, que le Prêtre célébrant n'a pour lui de libre que la dernière marche, et que ceux qui le servent pendant la célébration des saints Mystères, ne peuvent remplir leurs fonctions, ni même aller à leurs siéges. Telle est l'exiguïté du lieu accordé à la ville de Braisne, pour lui servir d'Eglise, lorsqu'il était si facile de lui céder celle qu'elle réclame aujourd'hui, et que rien de raisonnable ne s'y opposait.

Aurons-nous toujours la douleur de voir se perpétuer et consommer parmi nous l'œuvre impie et sacrilége de la révolution? Serons-nous les seuls qui, du côté de la Religion, ne puissions jouir des bienfaits que l'heureux retour de nos Princes légitimes a apportés à toute la France? Quel est donc notre crime, pour que nous soyons condamnés à n'avoir sous les yeux que des ruines, au lieu de contempler un édifice qui faisait la gloire et l'honneur de notre ville et des environs? Mais les Princes et Princesses du sang royal, les descendans de Louis-le-Gros, les aïeux d'Henri IV, et par-là même ceux de notre auguste et bien-aimé Monarque, ont-ils donc mérité que leurs tombes n'aient pour tout ornement que des décombres, et soient bientôt livrées à un éternel oubli? Hélas! le souvenir de leurs bienfaits, leurs vertus, le profond respect dû à leur rang, à leur dignité et à leur mémoire, ne demandent-ils pas qu'on relève le temple qu'ils avaient consacré à la gloire du Tout-Puissant, et choisi pour le lieu de leur sépulture?

C'est donc servir utilement la Religion et la Monarchie, que de supplier respectueusement le Gouvernement de rétablir cette Eglise, qui, par sa fondation et sa destination, ne peut ni ne doit être considérée comme propriété communale, étant de droit et de fait une propriété inaliénable de la Couronne. Et ne serait-ce pas faire injure aux sentimens de piété et de religion du Roi, que de supposer qu'il consentît aujourd'hui à renoncer à une propriété qui doit lui être aussi sacrée, et que son gouvernement ne voulût point revendiquer ses droits incommutables sur un monument acquis et fondé par ses augustes ancêtres, et qui renferme leurs dépouilles mortelles? Le ferait-on pour l'Eglise de Saint-Denis? Ne repousserait-on pas avec indignation, comme une pensée sacrilége, l'idée d'abandonner à quiconque voudrait s'en emparer, les Tombes royales déposées dans cette Basilique? Et ce qu'on n'oserait pas même imaginer pour les tombes royales de Saint-Denis, on le ferait pour celles de Braisne! A Braisne, comme à Saint-Denis, ne sont-ce pas également les restes précieux des descendans et des aïeux de nos Rois? Les uns et les autres ne sont-ils pas, et ne doivent-ils pas être toujours, les objets de nos respects, de notre vénération et de notre amour? Et encore, quelle a été l'intention des enfans de Louis-le-Gros, et celle de ce Monarque lui-même, en fondant l'Eglise de Saint-Ived de Braisne? C'était d'y reposer aux pieds des saints Autels, et que les Religieux Prémontrés qu'ils y avaient appelés et établis, fussent les gardiens de leurs tombeaux, et y offrissent tous les jours et à perpétuité, sur leurs tombes, la victime de salut et de propitiation? Pourquoi donc leurs dernières volontés ne seraient-elles pas exécutées dans cette Eglise, comme le sont à Saint-Denis celles de nos derniers Rois? Les unes et les autres ne sont-elles pas également sacrées, et ne doivent-elles pas être aussi religieusement remplies? Si aujourd'hui un Chapitre Royal remplace à Saint-Denis les Religieux Bénédictins de la Congrégation de Saint-Maur, qui étaient gardiens des Tombes royales, le Curé-Doyen de Braisne ne pourrait-il pas remplacer les Religieux Prémontrés qui avaient le même titre?

D'après ces observations, il est incontestable que l'Eglise de Saint-Ived de Braisne, pas plus que celle de Saint-Denis, ne peut ni ne doit être considérée comme Eglise paroissiale proprement dite : et si les habitans de cette ville en sollicitent si vivement le rétablissement, et demandent comme une grâce que l'office paroissial s'y célèbre, c'est 1°. par le désir vraiment religieux et monarchique qu'ils ont de conserver les Tombes royales, et qu'il serait contraire au profond respect, et à l'inviolable attachement dus à l'autorité souveraine, que les tombes des ancêtres de notre auguste et bien-aimé Monarque restassent ensevelies sous des ruines; 2°. parce que la révolution leur ayant ravi injustement leur Eglise paroissiale, qu'elle a vendue à son profit, les a relégués, pour l'exercice du culte, dans une petite Chapelle de communauté, tellement exiguë, qu'elle ne peut les recevoir tous. Aussi le conseil général d'administration de la Fabrique, interprète des sentimens dont les habitans sont animés, s'est-il fait un devoir, par son arrêté du 13 novembre de l'année dernière, d'offrir au gouvernement la valeur de 20,000 fr. pour les premiers frais du rétablissement de ce monument royal, suppliant SA MAJESTÉ d'en ordonner les réparations et de conserver à cette Eglise le titre d'Eglise Royale, etc.; et sans doute, si le Conseil d'administration eût pu offrir davantage, il l'eût fait avec le plus grand empressement, nul sacrifice ne lui coûtant pour conserver des dépouilles aussi précieuses, qui honorent non-seulement la ville et le canton, mais encore le Département.

A la vérité, les frais des réparations peuvent paraître considérables. Mais le sont-ils au point de renoncer à une si noble et si louable entreprise, et de laisser ce beau monument tomber entièrement en ruines ? Combien d'édifices qui, depuis quelques années, ont infiniment plus coûté pour leur reconstruction et leurs décorations, sans que l'aperçu des dépenses ait arrêté l'exécution du projet? Cependant leur destination n'était ni religieuse ni monarchique : au lieu qu'ici, c'est la Religion elle-même, le plus ferme appui des trônes, qui unit si fortement les peuples aux Rois; c'est le profond respect dû à la Majesté Royale, qui réclament la réparation de ce superbe édifice. Peut-il donc y avoir la moindre comparaison? et même la faire, ne serait-ce pas outrager ce qu'il y a de plus auguste et de plus sacré sur la terre, la majesté divine et la dignité royale?

Mais enfin, combien coûterait donc la restauration de l'Eglise de Saint-Ived de Braisne, monument de la piété de Louis-le-Gros et de ses enfans, ses premiers bienfaiteurs et fondateurs? Les plans et devis détaillés sont maintenant à la Commission des bâtimens civils. Le premier devis se monte à 150,000 fr. pour la réparer en entier, et sans doute la beauté et la majesté de l'édifice demanderaient cette entière réparation. Le second devis, également envoyé à la même Commission, ne va qu'à 70,000 fr.; mais alors on supprime le portail, que tous les gens de l'art admirent; on supprime en entier la nef, et on ne conserve que le chœur et les chapelles latérales où sont les tombes royales : peut-on raisonnablement moins demander? Je laisse à tous ceux qui ont des connaissances en architecture à juger si, en admettant le dernier plan, on ne gâterait point la beauté et la régularité de cet édifice?

Il est, j'en conviens, des personnes qui trouveront ces sommes énormes, et qui s'en effraieront; mais seraient-elles aussi économes, s'il s'agissait de construire un local qui aurait une destination diamétralement opposée? Hélas! elles ne donnent que trop souvent la preuve du contraire. Laissons donc à ceux dont toute la religion est de n'en avoir aucune, et qui s'en font gloire, de se montrer opiniâtrément avares, lorsqu'il s'agit de l'honneur de cette même Religion, dont ils s'établissent bien gratuitement les ennemis, et qui ne sont pas plus attachés à la Monarchie légitime : laissons-leur d'être scandaleusement prodigues pour tout le reste. Espérons au contraire que les Ministres du Roi Très-Chrétien, secondant ses sentimens religieux, dont ils sont eux-mêmes pénétrés, entreront dans ses pieuses et royales intentions, en ordonnant, en son nom, de relever les tombeaux de ses augustes ancêtres, de réparer le monument qui les renferme; et procureront ainsi à une ville, chef-lieu de canton et de doyenné, une Eglise convenable, où les fidèles sujets de Sa Majesté pourront se réunir au pied des saints Autels, pour y adorer le Dieu par qui les Rois règnent, et y appeler par leurs vœux toutes les bénédictions du Ciel sur sa personne sacrée et sur son gouvernement paternel.

Peut-être objectera-t-on que la somme nécessaire est bien forte pour une seule Eglise, lorsqu'il y en a tant en France qui ont besoin de réparations? Mais je répondrai: En est-il une seconde en France, qui puisse se glorifier, comme celle de Braisne, de posséder autant de Tombes royales? Le gouvernement et toute la France ne doivent-ils rien à la mémoire des aïeux d'Henri IV et de nos Rois? N'est-il pas de son honneur de conserver précieusement ce qui a fait l'objet de la vénération de nos pères, qui ne calculaient jamais avec parcimonie, lorsqu'il s'agissait de donner des preuves de leur respectueux attachement et de leur inviolable fidélité à leurs Souverains?

Mais cette Eglise ne sera jamais qu'une Eglise paroissiale? Non; pas plus que celle de Saint-Denis: elle continuera, comme par le passé, d'être Eglise royale. Il sera accordé aux habitans de Braisne, comme une grâce et une faveur particulière, que l'office paroissial puisse y être célébré, parce que la révolution les a privés de leur propre Eglise; et en reconnaissance de cette grâce, ils sont tenus à son entretien et à ses réparations : mais la propriété en restera toujours au gouvernement.

Que si l'on ne pouvait faire de suite les fonds nécessaires pour la réparation totale, voici le moyen que le Curé-Doyen de Braisne a l'honneur de proposer, au nom de la Fabrique. Ce serait 1°. que le gouvernement, adoptant l'un des deux devis qui sont maintenant à la Commission des bâtimens civils, autorisât l'adjudication des réparations à faire. 2°. Que, pour subvenir aux premières dépenses, le gouvernement autorisât la Fabrique à faire à l'entrepreneur l'abandon du capital de 6,800 fr. placés sur l'état, produisant 340 fr. de rente, et que la même Fabrique fut autorisée à vendre l'Eglise ou Chapelle qui sert aujourd'hui d'Eglise paroissiale, estimée valoir 14 à 15,000 fr., à la condition que l'acquéreur n'en jouirait qu'au moment où l'Eglise de Saint-Ived serait reconstruite, et que le culte s'y exercerait; ce qui ferait un capital de plus de 20,000 fr. que recevrait l'entrepreneur, ou qui lui seraient assurés pour commencer son ouvrage. Alors le gouvernement prendrait des époques pour payer le reste, ce qui pourrait se faire dans le courant de plusieurs années, d'après les conditions établies dans le cahier de l'adjudication.

Il ne reste maintenant à la ville de Braisne, que d'attendre avec une respectueuse résignation, ce qui sera décidé sur cette Eglise. Si les réparations sont ordonnées, nous n'aurons qu'à rendre au ciel d'immortelles actions de grâces, et à bénir à jamais le Monarque auguste qui nous aura procuré ce bienfait. Si au contraire notre juste et respectueuse demande n'était point accueillie, ce qu'à Dieu ne plaise, il ne nous resterait qu'à gémir de n'avoir point mérité d'être exaucés, et à déplorer le malheur de la religion dans la ville de Braisne, aussi-bien que l'entier abandon des Tombes royales; et dans tous les cas, nous protestons que nous n'en serons pas moins les très-humbles, très-fidèles et très-respectueux sujets du meilleur de tous les Rois.

BEAUCAMP,
Curé-Doyen de Braisne,
au nom de ses Paroissiens.

Braisne, ce 16 août 1825.

N. B. Je crois devoir donner ici de nouveau les Epitaphes des Tombes Royales qui sont dans l'Eglise de Saint-Ived de Braisne, et qui ont déjà paru dans la Notice imprimée que j'ai donnée de cette Eglise.

ÉPITAPHES

DES TOMBES ROYALES

Qui sont dans l'Eglise de Saint-Ived à Braisne.

1°. Au milieu du chœur existe la tombe de très-haute et très - puissante Princesse AGNÈS DE BAUDIMENT, dite *de Champagne*, épouse de très-haut et très-puissant Prince ROBERT de France, Ier du nom, fils de très-haut et très-puissant et très-excellent Seigneur et Roi de France, LOUIS-le-Gros, VIe du nom, fondateurs et bienfaiteurs de cette Eglise. Il n'y avait point d'épitaphe sur sa tombe; on y voyait seulement l'effigie de cette Princesse, et à ses pieds les armes de Champagne.

2°. Au milieu du sanctuaire, devant le grand Autel, est la tombe de ROBERT II, fils des précédens, avec cette épitaphe :

> Stirpe satus Regum, pius et custodia legum,
> Branæ Robertus Comes hìc requiescit opertus,
> Et jacet Agnetis situs ad vestigia matris.
>
> Anno gratiæ M. CC. XVIII. die Innocentum.

Cy gist aux pieds de Madame Agnès sa mère, hault et puissant Seigneur Robert, Conte de Brayne, yssu du noble sang royal, qui de son temps fust doulx, humain, et des lois observateur; lequel trespassa le jour des Innocents, l'an de grâce mil deux cent et dix-huit.

(*N. B.* La traduction ci-dessus, et celle des épitaphes qui suivent, sont tirées du manuscrit de Dom Matthieu Herbelin, religieux de la maison des Prémontrés de Braisne, qui a écrit en 1550.)

3°. Au côté gauche de la tombe de ROBERT II, est celle de très-haute et très-puissante Princesse IOLANDE de Coucy, son épouse, avec cette épitaphe :

> O fidei sanæ lux quondam maxima Branæ,
> Quæ tumularis ibi, pax sine fine tibi.
> Nobilis hic Iole sita carnis libera mole,
> Sed veluti sole generosâ lucida prole.

O lumière de foi saine et entière, jadis grande et excellente pour Brayne, qui es icy soubs ce tombeau, paix perdurable te soit donnée. C'est la noble Yolend, qui, après la séparation de l'âme et du corps, est ycy posée ; reluisant comme le cler soleil par son illustre et noble postérité et génération.

4°. Devant le Crucifix, à l'entrée du chœur, est la tombe de ROBERT III, fils de ROBERT et d'YOLANDE de Coucy. Voici l'inscription qu'on lisait sur sa tombe :

> Hic jacet illustris ex regum semine natus,
> Drocarum Brannæque Comes, Robertus, humatus.
> Hic in amicitiâ Theseus fuit ; alter in armis
> Ajax ; consilio pollens fuit alter Ulixes.
> Anno Dni M. CC. XXX. III.

Ci gist très-illustre et puissant Seigneur, extrait du noble sang royal, Robert, Conte de Dreux et de Brayne. Ce fust en amitié Théseus tout revenu, en faicts d'armes ung second Ajax, et pour bon et meur consceil un autre Ulixes, qui décéda de ce monde l'an mil deux cent trente et trois.

5°. Au côté droit de la tombe de ROBERT III, est celle

de Pierre de Dreux, surnommé Mauclerc. Voici son épitaphe :

> Petrus, flos Comitum Britonum, Comes, hic monumentum
> Elegit positum juxta monumenta parentum.
> Largus, magnanimus, audendo magna probatus;
> Magnatum primus, regali stirpe creatus.
> In sanctâ regione Deo famulando moratus,
> Vitæ sublatus rediens, jacet hic tumulatus.
> Cœli militia gaudens de milite Christi
> Summâ lætitiâ comiti comes obtinet isti.
> Anno M. CC. XXX. VIII.

Auprès des monuments de ses nobles parents, il eut icy sa sépulture, la fleur des Contes de Bretaigne. C'estait ung homme libéral, magnanime, et de grands entreprinses. Il fust premier dict vassal de la Couronne de France; lequel, après avoir long-temps demouré en saincte région pour mieulx servir à Dieu, après son retour du sainct voyage de Jhérusalem, paya le don de nature : dont le corps gist icy. Dieu tout-puissant, qui se resjouit par la victoire de sa passion et de la conversion du pécheur, le veuille mettre en gloire perdurable. Il trespassa l'an mil deux cent trente et huit, le cinquiesme jour de Juillet.

∿∿∿∿∿∿∿∿∿∿

6°. Au bas du chœur, devant la première stalle du côté de l'Epître, est la tombe du second fils de Robert III. Voici son épitaphe, qu'on lisait avec peine :

> Anno milleno sex ac vicibus quoque deno,
> Cum bis centeno, demptis octo duodeno,
> Nobilis et gratus fuit hâc tellure locatus
> Robertus, nunquàm sterilis bona condere gesta.
> (Ces deux vers sont illisibles.)
> . . . .
> . . . .

En ce lieu-cy fust mis et posé le noble et puissant Seigneur Robert, frère de Jehan, Conte de Dreux, homme belliqueux et magnanime, qui trespassa l'an de grâce mil deux cent quarante et huit.....

〰〰〰〰〰

7°. Au bas du chœur, devant la première stalle du côté de l'Evangile, est la tombe de Madame CLÉMENCE, épouse du Comte ROBERT ci-dessus, avec cette inscription qu'on lit difficilement :

Pax Clementissæ : jacet ista proxima missa,
Roberti sponsi lateri. Non posset plus bona quæri.
 (Ce qui suit est presque illisible.)
Nobilis et clemens, ob bona plus vehemens.
Qui transis, ora pace sit absque morâ
Spiritus istius; det Deus ipse pius.
Dicat quod fiat quisque morique sciat.

Cy gist joingnant le côté de feu Robert son mary, Dame Clémence, de noble parentage, doulce et humaine, qui eust foison de biens et de fortune. Dieu glorieux luy soit miséricors.

〰〰〰〰〰

8°. Dans la Chapelle dite *de Saint-Sébastien*, est la tombe de MARIE de BOURBON, avec cette épitaphe en français :

Cy gist Madame Marie, Contesse de Dreux et de Brayne, fille de Monsieur Archambault de Bourbon. Elle trespassa la vigile sainct Berthelemy, mil deux cens soixante et quatorze. Priez pour son âme.

N. B. Autour de cette tombe, il y avait diverses petites statues de cuivre doré, ornées d'autant d'écriteaux en lettres d'or, qui donnent à connaître les noms des Rois et Reines, Princes et Princesses qu'elles représentaient, et qui étaient parens et alliés de cette Princesse. Entre autres étaient les Rois et Reines de Navarre, de Sicile ; les Princes et Princesses, fils et filles de saint Louis, Roi de France, tous ses parens ou alliés.

9°. Aux pieds de la tombe de MARIE de Bourbon, est déposé le cœur de JEAN Ier, Comte de Dreux, son époux, qui mourut dans l'île de Chypre, l'an 1233. Il avait accompagné saint Louis, Roi de France, son parent, dans la croisade contre les Infidèles. Son corps fut inhumé dans la Cathédrale de Niconosie, capitale de l'île, et son cœur fut apporté à Braisne et déposé dans un tombeau magnifique qui fut enlevé par les Espagnols lors des guerres civiles, en 1650, ainsi que plusieurs autres monumens précieux qui existaient dans cette Eglise.

10°. Dans la Chapelle de Saint-Denis est la tombe de ROBERT IV, fils de JEAN Ier et de MARIE de Bourbon. Sa tombe était de cuivre doré et émaillé. Elle fut entièrement rompue et enlevée par les Espagnols en 1650. On y lisait cette épitaphe :

> Magnus in orbe Comes morum gravitate, disertus,
> Justitiæ fomes, jacet hâc in parte Robertus.
> Pulcher et illustris, constans, nec fraude palustris,
> Christum mente piâ coluit cum matre Mariâ.
> (Deux vers illisibles.)
> . . . .
> . . . .
> Compatiens miseris, quibus et miserando mederis.
> Munus opis celerè tribuens, Deus, huic miserere.
> Obiit 24ª die Novembris M. CC. LXXXII.

Cy gist le puissant..... homme jadis de grande faconde, de bonnes meurs, et bien gardant justice. C'est Robert, noble, constant et beau personnage, en son vivant Conte de Dreux, de Brayne et de Montfort, Seigneur de Sainct-Wallery, qui ne fust jamais repris de quelque faulte ou déception envers son Prince, mais ayma et sainct Dieu et la Vierge Marie. O Dieu éternel, qui tousjours es secourable aux pauvres pénitens, en leur donnant remède par pitié et misération, veuille lui faire grâce et miséricorde. Il décéda de ce monde le vingt-quatriesme de Novembre mil deux cens quatre-vingts et deux.

N. B. C'est en ROBERT IV que finit la postérité masculine des Comtes de Dreux et de Braisne.

ROBERT, fils de saint LOUIS, et parent au septième degré de ROBERT, Comte de Dreux et de Braisne, ayant épousé BÉATRIX de Bourgogne, fille d'AGNÈS, héritière de Bourbon, continua la chaîne de parenté avec la race de nos Rois jusqu'à ce jour, et c'est de ce mariage que naquit LOUIS Ier de Bourbon, qui eut deux fils :

1°. PIERRE, de qui sont descendus tous les anciens Ducs de Bourbon, jusqu'au Connétable CHARLES de Bourbon, qui mourut le 6 Mai 1527.

2°. JACQUES, Comte de la Marche, qui eut aussi deux fils, dont le cadet, LOUIS de Bourbon-Vendôme, est un des aïeux d'ANTOINE de Bourbon, Roi de Navarre, qui fut père de HENRI IV, dont CHARLES X, aujourd'hui sur le trône, est le glorieux et légitime successeur.

FIN.

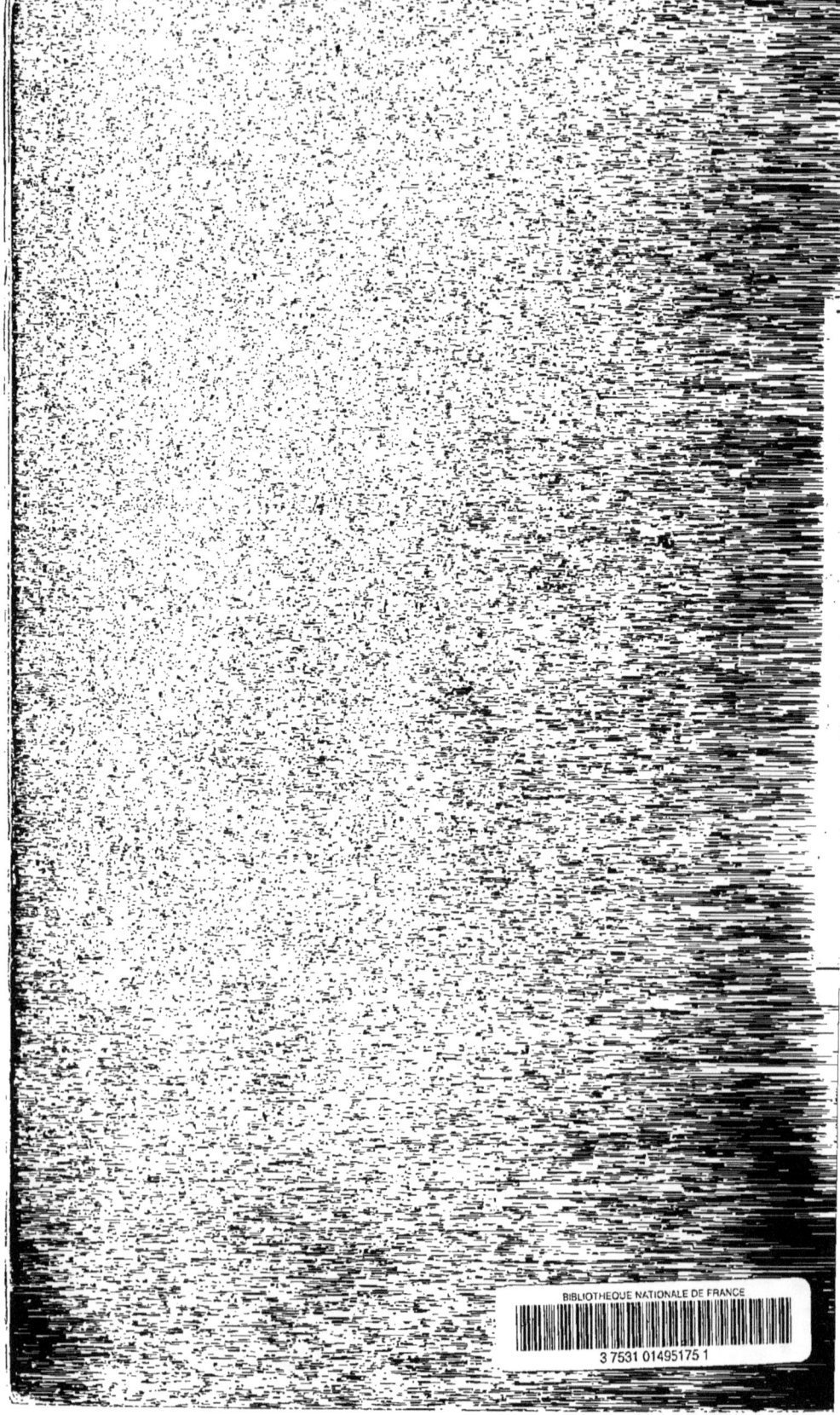

www.ingramcontent.com/pod-product-compliance
Lightning Source LLC
Chambersburg PA
CBHW060632050426
42451CB00012B/2556